Amores e outras imagens

Filóstrato, o Velho

Amores e outras imagens

Tradução:
Rosangela S. de Souza Amato

coleção bienal

Título original: Eikones
© 2012, Fundação Bienal / Hedra

Dados Internacionais de Catalogação na Publicação (CIP)

Filóstrato
Amores e outras imagens / Filóstrato, o velho; tradução
Rosângela Amato. — São Paulo: Hedra, 2012. — (Coleção
Bienal) 76 p.

Título original: Eikones.

ISBN 978-85-7715-292-6

1. Arte 2. Arte — Filosofia 3. Arte — História —
Antiguidade 4. Imagens 5. Pinturas — Descrição I. Título.
II. Série.

12-11114   CDD 701

Índices para catálogo sistemático:
1. Imagens da Antiguidade Clássica: Descrição: Artes 701

Foi feito o depósito legal.

Direitos reservados em língua portuguesa
somente para o Brasil.

Editora Hedra
R. Fradique Coutinho · 1139 (subsolo)
05416-011 · São Paulo · SP · Brasil
+55 11 3097 8304
editora@hedra.com.br · www.hedra.com.br

Fundação Bienal de São Paulo
Av. Pedro Álvares Cabral, s/n.
Parque Ibirapuera · portão 3
04094-000 · São Paulo · SP · Brasil
+55 11 5576 7600
www.bienal.org.br

Sumário

7   Apresentação

15   Amores e outras imagens

17   Proêmio

21   Escamandro

23   Como

25   Fábulas

27   Meneceu

29   Cúbitos

31   Amores

35   Mêmnon

37   Amímone

39   Sêmele

41   Narciso

45   Jacinto

47   Ândrios

49   Caçadores

53   Coro de meninas

55   Pan

57   Teias

59   Horas

61   Nota da tradutora

Apresentação
Luis Pérez-Oramas

Com a intenção de compartilhar algumas das leituras e referências teóricas que embasaram o pensamento curatorial da 30ª Bienal de São Paulo — *A iminência das poéticas*, compilamos esta coleção de livros de pequeno formato que reúne textos fundamentais para a curadoria e até agora inéditos em língua portuguesa.

A coleção complementa o catálogo da exposição e é constituída pelos seguintes títulos: *Amores e outras imagens*, de Filóstrato, o Velho; *Os vínculos*, de Giordano Bruno; o primeiro tratado dedicado a Frontão, que abre a *Réthorique spéculative*, de Pascal Quignard; *Ninfas*, de Giorgio Agamben; *A arte de birlibirloque* e *A decadência do analfabetismo*, de José Bergamín.

Para a curadoria, falar (as) imagens foi um *leitmotiv* sobre o qual elaboramos nosso projeto educativo — chamando-o, inclusive, entre nós, de "projeto Filóstrato". A publicação do livro do autor da segunda sofística, com suas 65 imagens descritas, impunha-se a nós por si mesma. Rosangela Amato aceitou generosamente traduzir do original em grego uma seleção desses quadros, sobre os quais filólogos e pensadores ainda discutem se existiram ou se foram simplesmente o pretexto

8 APRESENTAÇÃO

ideal para a invenção de um novo gênero literário. Em todo caso, é uma certeza factual que as imagens são mudas, que aqueles que se dedicam a produzi--las fazem — como proclamava Poussin — ofício de coisas mudas. Mas o fato de que elas não cessam de produzir glosas e palavras, textos e polêmicas, de que também sejam objeto de um incessante mister de descrições, no qual chegam a ser o que estão destinadas a ser para nós, confirma a complexa relação entre o verbo e a imagem.

Essa relação, essa equação nunca estável, esse eco de Narciso que não ouve a reverberante palavra da ninfa Eco regula todo o sistema do figurável em nossa cultura. Ela mesma, a possibilidade de um nicho na imagem para o verbo ou de um lugar na palavra para a imagem, é uma potência de vínculo: e são os vínculos a matéria constituinte da 30ª Bienal.

Os vínculos, na medida em que oferecem uma possibilidade para a analogia — que não se refere somente à semelhança, mas sobretudo à diferenciação —, estiveram no coração de nossas motivações na medida em que nos propusemos a realizar uma "bienal constelar". A relativa flexibilidade desses vínculos, a possibilidade de um exercício analógico sem fim é uma das convicções de *A iminência das poéticas*. Poder-se-ia dizer que a iminência das poéticas não é outra coisa senão esse exercício, esse devir analógico das coisas, dos figuráveis e do dizível. "Nenhum vínculo é eterno", diz Giordano Bruno em seu tratado, "mas há vicissitudes de reclusão e liberdade, de vínculo e de liberação do vínculo, ou mais ainda, da passagem de uma espécie de vínculo a outra".

Como não perceber em nosso exercício curatorial, então, quando propomos esse retorno ao pensamento analógico, que a figura de Aby Warburg, cuja obra final, o *Atlas Mnemosyne*, constitui uma das mais brilhantes manifestações modernas? A evocação da Ninfa de Warburg na brilhante reflexão de Agamben se justifica como um frontispício teórico de nossa Bienal.

A curadoria da 30ª Bienal estrutura-se sobre algumas convicções lógicas para adentrar o terreno nada lógico das artes: uma delas é que, como Ferdinand Saussure demonstrou para a linguagem, as obras de arte somente significam na medida em que marcam uma diferença e uma distância com relação a outras obras de arte. É no registro da possibilidade permanente de assemelhar-se e diferenciar-se que as obras de arte nos atingem, se fazem em nós e significam conosco e ali encarnam como sobrevivência e alterforma de outras formas.

Dessa certeza estrutural procede, talvez, hoje — quando os artistas retomam a equivalência humanística do *Ut pictura poesis* [assim como a pintura, a poesia] por meio de práticas conceituais centradas na primazia da linguagem —, a crescente presença de obras que se manifestam como arquivo e atlas. A segunda certeza da curadoria é que as obras de arte, e a própria curadoria, são atos de enunciação, apropriações de linguagem que encarnam em um aqui e agora e em um corpo: que são corpos, inclusive, quando apostam no mito de sua desmaterialização.

Nesse sentido, elas são, como a curadoria, o equivalente a uma voz. Para além de seu destino escritural — Pascal Quignard recorda-nos dois momentos traumáticos na questão da voz: o da "mudança vocal", quando a infância perde sua voz aguda e ganha gravidade terrena; e o da escritura, quando o barulho surdo do estilete sobre o papel anula, em seu corte silencioso, a vida da voz: quando escrevo, calo.

10 APRESENTAÇÃO

Desses problemas, deduz-se a importância dos textos de Quignard e Bergamín. Textos radicais e talvez estranhos para a sensibilidade contemporânea, habituada às simplificações de um meio atormentado por transações políticas e mercadológicas. A curadoria compartilha a certeza de Bergamín de que a cultura morre quando é totalmente submetida à imposição da letra inerte, quando se desvanece em nós a voz analfabeta que jaz desde a mais incerta origem. Também proclama, mesmo em suas cifras menos legíveis, a necessidade de uma inteligência do *birlibirloque* — curadoria como pensamento selvagem, como inteligência da bricolagem, para evocar Lévi-Strauss —, que se realiza no instante da ocasião e ante a concreção das coisas que resistem com seu impulso de morte, como o touro quando investe contra a metáfora vermelha do toureiro. Finalmente, se falar (as) imagens é um exercício sempre inconcluso, a razão talvez esteja na densidade natural do mundo e na resistência antifilosófica da voz: Frontão envia uma carta a Marco Aurélio na véspera de seu primeiro discurso diante do senado de Roma, no belo texto de Quignard. Não confunda nunca — repreende-o — a linguagem com seu voo.

Se quisemos algo em *A iminência das poéticas*, foi tentar seguir ao pé da letra o programa contido em um fragmento de Frontão: não nos identificarmos com a linguagem em flor (os sistemas), nem com a linguagem silvestre (vernácula), mas com a linguagem *in germine* (germinativa), com a linguagem enquanto está vindo, enquanto é, ainda, iminente.

Os textos mais antigos, de Filóstrato e Giordano Bruno, poderiam então funcionar como a referência histórica e teórica da coleção: textos de enorme influência e grande reputação intelectual, hoje confinados ao esquecimento do grande público leitor. Esses dois livros são testemunho de um mistério: assim como os mitos, cuja origem é impossível discernir na variedade de suas configurações, não deixam de produzir efeitos reais, igualmente, a cultura ocidental da imagem, e sua relação com a voz e com o pensamento, continua sob a influência desses dois textos capitais.

Pode-se dizer que Filóstrato, o Velho, inaugura com seus *Eikones* [Imagens] uma das formas poéticas mais frequentadas de nossa cultura: a da descrição verbal de imagens puramente figurativas. Essa forma, conhecida como écfrase, deu lugar em nossa cultura a uma possibilidade de materialização e transmissão para a equação insolúvel entre o visível e o legível, entre o visual e o verbal, em meio à qual não podemos deixar de viver. O que o livro de Filóstrato gerou, e ainda sugere, além de uma incomensurável quantidade de cenas de representação, desde os pintores e gravadores da Antiguidade até Musorgsky e Sokurov, é a impossibilidade de distinguir qualquer antecedência entre imagens e palavras. Toda palavra tem por iminência uma imagem, à qual serve como fundação; toda imagem tem por iminência uma palavra, que lhe serve como ressonância.

Quanto a Giordano Bruno, filósofo esquecido mas não menos fundamental, foi Robert Klein que, no século passado, e entre os que renovaram o destino da história da arte como disciplina intelectual, mais claramente expôs o papel-chave de *Os vínculos* no espaço da cultura visual moderna: "O humanismo havia posto o problema das relações entre a ideia e a forma que a expressa na retórica, na lógica, na poesia, nas artes visuais; havia se esforçado em unir o quê e o como, em encontrar para a beleza da forma uma justificativa

12   APRESENTAÇÃO

mais profunda que a necessidade de aparência".
Mas, por mais que tenha avançado, nunca negou
que, em todos esses campos, "o que se diz" deve
existir anteriormente à expressão. Daí que, de um
ponto de vista muito simplificado, o humanismo se
conclui nas ciências quando o método de pesquisa
se torna fecundo por si mesmo, e na arte quando
a execução, a *maniera*, se transforma em um valor
autônomo. Quando, em 1600, a consciência artís-
tica havia chegado a esse ponto, não encontrava
nenhuma teoria da arte que pudesse dar conta dela.
Não restava mais que a antiga magia natural, ou
seja, uma estética geral que ignorava a si mesma e
que Giordano Bruno se precipitou em desenvolver no
magnífico esboço que intitulou *Os vínculos*.

Bem iniciada esta segunda década do século
XXI, ainda vivemos sob a égide estética dessa
cultura da fascinação: não parece afirmar outra
coisa nossa civilização numérica de relacionamento
digital, com a ilusão de comunidade que se esconde
por trás das "redes sociais" e que não faz mais
do que gerar uma modalidade de exibicionismo tão
furtivo quanto persistente. Dessa forma, parece-
ria que nossa relação de fascinação com o mundo é
cada vez mais dependente de uma mediação escritural, codificada, metaletrada. Os ensaios de José
Bergamín, já clássicos, dedicados a reivindicar
a viva voz contra a letra morta, denunciando a
decadência do analfabetismo e defendendo a necessidade de uma cultura da voz, assim como seu tratado sobre a tauromaquia, arte de *birlibirloque*,
representam um manifesto a favor da sobrevivência
da natureza, contra o esquecimento da infância e
da experiência. Meditações gerais dissimuladas
em seu circunstancial objeto textual, ambos os
ensaios, além de serem peças supremas da litera-

tura espanhola moderna, são de uma surpreendente atualidade e pertinência.

Do grande filósofo Giorgio Agamben, autor de *Infância e história*, ensaio que aborda o moderno esquecimento da experiência, apresentamos um dos ensaios mais recentes intitulado *Ninfas*. Central no pensamento da 30ª Bienal, a figura de Aby Warburg e seu *Atlas Mnemosyne* também o é nesse ensaio de Agamben, que parte da visão da prancha 46 da referida obra, ineludível para o pensamento atual da arte. A Ninfa clássica, pretexto e objeto, em Warburg, de uma obsessiva reflexão sobre a imagem e a fórmula do *páthos*, é aqui objeto de análise e pensamento como figura tutelar da "vida após a vida" [*nachleben*] das imagens: encarnação emblemática da sobrevivência e alterforma que dá lugar à continuidade do visível em nossa cultura.

Finalmente, o primeiro tratado da *Réthorique spéculative*, de Pascal Quignard – dedicado a Marco Cornélio Frontão, retórico esquecido entre as ruínas e os fragmentos da Roma clássica, tutor do imperador Marco Aurélio –, transforma-se no pretexto de um dos ensaios mais belos e brilhantes da literatura francesa contemporânea: unem-se nessa escrita fulminante e suave, rebuscada e precisa, as reflexões centrais da 30ª Bienal: a primazia da voz sobre a letra, o impulso antifilosófico da imagem, a novidade do arcaico que jaz no fundo de nosso alento, a entonação e a afasia, a fascinação e a metamorfose, a nudez da linguagem e a cena invisível da origem.

Tradução: *Gênese de Andrade*

Amores e outras imagens

Proêmio

Quem quer que não respeite a pintura, erra contra
a verdade, erra também contra a sabedoria, aquela
que chega aos poetas — pois ambas[1] trazem igualmente os feitos e a compleição dos heróis — e não
valoriza a simetria, por meio da qual a arte se
une ao discurso. E, para quem deseja se valer de
sutilezas, é invenção dos deuses, que se observa
nas formas com que as Horas pintam os prados na
terra e nos fenômenos celestes. Mas, aos que de-
sejam saber com mais precisão a origem da arte,
a mimese é a invenção mais antiga e mais afim à
natureza. Homens sábios inventaram-na, chamando-a
ora pintura, ora arte plástica.

São muitas as formas de artes plásticas —
o próprio modelar, a mimese em bronze, as escul-
turas em mármore branco ou de Paros, o marfim e
também, por Zeus, o cinzelar. A pintura, por sua
vez, combina cores, e não só isso, dado que mostra
mais sabedoria a partir desse único recurso, do
que as outras artes a partir de muitos. Mostra
a sombra e distingue os olhares dos loucos, dos
aflitos e dos ditosos. O brilho do olhar, em toda
sua variedade, o artista plástico trabalha me-

---

1   Ambas: pintura e poesia. [Todas as notas são da tradu-
    tora.]

18 AMORES E OUTRAS IMAGENS

nos, ao passo que o pintor conhece olhos glaucos, azuis-cintilantes e negros e conhece os cabelos louros, cor de fogo ou dourado sol, e a cor das vestimentas, e os quartos de armas, e as moradas, e os bosques sagrados, e os montes, e os riachos, e o éter, que a tudo envolve.

Quantos desejaram o poder desse conhecimento, e quantas cidades, e quantos reis se declararam tomados de paixão por ele, são fatos relatados por outros, dentre eles Aristodemo de Cária, de quem fui hóspede por quatro anos em razão da pintura — ele pintava segundo o saber de Eumelo, mas trazendo à pintura muito mais elegância.

Porém, estes discursos não versam sobre pintores ou suas histórias, mas explicamos a natureza das pinturas, compondo lições aos jovens, para que as interpretem e apreciem o que há de excelente nelas.

Este foi o pretexto para meus discursos: era ocasião dos jogos em Nápoles — cidade da Itália fundada por povos helênicos e cultos e, por isso e por seu gosto pelos debates, helênica. Não desejava me exibir em público, mas cedi a um grupo de jovens que persistia em procurar-me em casa de meu anfitrião. Estava alojado fora dos muros, em um arrabalde voltado para o mar, onde há uma galeria, creio que de quatro ou cinco terraços, aberta para Zéfiro[2] e com vista para o mar Tirreno. Brilhava em mármores, como recomenda a elegância, mas em especial, florescia com pinturas em tábulas afixadas nas paredes, e me pareceu que alguém não néscio as reunira. Era evidente nelas o saber de uma série de pintores.

---

2   Para o leste. Zéfiro é o vento oeste, que sopra em direção ao leste.

Eu mesmo pensava que deveria fazer um elogio às pinturas e, justamente, lá se encontrava o jovem filho de meu anfitrião, de dez anos, já um ávido ouvinte e alegre em aprender, que sem tirar os olhos de mim, enquanto eu as observava, implorava-me que as explicasse. Para que não me considerasse rude, disse eu: "Assim será. E faremos isso na forma de discursos, depois que os jovens chegarem". "O menino", eu disse, "que seja posto à frente, e que meu esforço ao discursar seja dedicado a ele; quanto a vocês,[3] acompanhem-me e não concordem apenas, mas façam perguntas, caso não me faça claro."

---

3   Mudança de interlocutor: aqui, o autor fala com o grupo de jovens que chega.

Escamandro[4]

Você percebeu, menino, que este tema é de Homero, ou ainda não se deu conta, claramente levado pelo espanto de ver o fogo vivo na água? Vamos então entender juntos o que isso significa: desvie seu olhar, de modo a ver os fatos nos quais se baseia a pintura. Você conhece aquela passagem da *Ilíada* em que Homero inflama Aquiles por causa de Pátroclo e os deuses são incitados a mover guerra uns contra os outros. Pois dessas batalhas dos deuses a pintura não conhece o restante, mas diz que Hefesto[5] atacou Escamandro com ímpeto e pura força.

Olhe novamente agora: tudo vem de lá. Esta cidade é alta e aqui, os muros de Ílion,[6] e esta grande planície, suficiente para sustentar Ásia em armas contra Europa e ali, este fogo impetuoso

---

4   Rio da planície de Troia, filho de Zeus, que indignado por receber nas águas tantos cadáveres e tanto sangue, não consegue se manter neutro e entra em combate contra Aquiles em favor dos troianos. *Ilíada* XXI, 335.

5   Deus do fogo, das forjas, das técnicas que produzem artefatos: deus dos ferreiros, escultores, pintores, artesãos etc. Em Homero, é apresentado como coxo já desde o nascimento.

6   Troia.

inunda a planície e impetuoso serpenteia às margens do rio: não há mais vegetação.

O fogo, à volta de Hefesto, se derrama sobre a água, e o rio sofre e suplica ao próprio deus.

Mas nem o rio é pintado com longos cabelos, que queimam, nem Hefesto mancando: ele corre. E o brilho do fogo não é amarelo, nem tem aspecto habitual, mas é dourado sol. Tais coisas já não são Homero.

Como[7]

A divindade Como, que preside as celebrações humanas, está diante de um aposento com portas de ouro, creio, e é difícil percebê-las, já é noite. Percebe-se que é noite não porque está personificada, mas pela ocasião, e o pórtico nos mostra noivos muito felizes, indo para o leito.

E Como, jovem, está junto aos jovens, delicado como um efebo, vermelho de vinho, e dorme em pé, embriagado. Dorme com o rosto sobre o peito, não mostra nada do pescoço, e com a mão esquerda segura o lóbulo da orelha. Esta mão que parece segurar a orelha está na verdade solta e relaxada como acontece no início do sono quando, reconfortante, ele nos invade e o pensamento caminha para o esquecimento das coisas: assim a tocha parece escorregar da mão, que o sono fez lassa.

Temeroso de que o fogo queime sua perna, Como dobra a perna esquerda sobre a direita, a tocha na mão esquerda e, para evitar o calor do fogo no joelho exposto, afasta a mão.

Os rostos devem ser mostrados pelo pintor na flor da idade, e perdem o brilho, sem eles, as pinturas. Mas isso é desnecessário a Como, que

---

7   Deus das festividades, filho de Dionísio.

tem a cabeça baixa, lançando uma sombra sobre o
rosto. Creio que assim recomenda que os jovens,
na idade de Como, não festejem sem máscara.

O restante do corpo é pintado com precisão,
todo iluminado pela tocha e voltado para a luz. A
guirlanda de rosas, que se elogie agora, mas não
pela aparência — com pigmentos ocre e azul não é
difícil tarefa imitar imagens de flores — mas é
preciso elogiar sua maciez e delicadeza. Louvo
também o orvalhado das rosas e afirmo que está
pintado até o perfume.

O que resta do cortejo? O quê, além dos celebrantes? Ou não chegam a você o som dos guizos,
o barulho das flautas e o canto desordenado? As
tochas tornam possível aos celebrantes enxergar
o que está ao pé deles, mas a nós não é possível
ver.

Ressoa o som de muito riso, e as mulheres
correm junto dos homens, calçadas e vestidas de
forma não costumeira. Como permite às mulheres
se vestir como os homens e aos homens vestir as
roupas e imitar o andar das mulheres. E as guirlandas não estão mais frescas, o viço lhes foi
tirado pelo rearranjar na cabeça na confusão da
dança. E a liberdade das flores evita a mão, que
as faz murchar antes do tempo.

A pintura imita de alguma forma o estrépito
de que tanto precisa Como, e a mão direita, em
punho, golpeia o oco da esquerda, para que as
mãos assim golpeadas ressoem em uníssono à moda
de címbalos.

Fábulas

Alvoroçam-se alegres as Fábulas em torno a Esopo
e o cumprimentam carinhosamente, pois ele as cul-
tiva. Homero também já tratou de mitos, bem como
Hesíodo e ainda Arquíloco, contra Licambes.[8] Mas
tudo o que é dos homens foi contado por Esopo e
ele emprestou fala aos animais para expressar seus
próprios pensamentos.

Condena a avareza. Persegue a desmedida e o
engano. E isso um leão, raposa, ou cavalo exprime
por ele, e, por Zeus, nem a tartaruga é muda: com
esses animais as crianças aprendem coisas da vida.

Assim, as Fábulas, a quem Esopo deu fama,
fazem alvoroço à porta do sábio, dando-lhe as
fitas da vitória e cingindo-o com uma coroa de
folhas da oliveira.

Acho que Esopo está tecendo uma Fábula
agora. Seu sorriso e os olhos voltados para o
chão assim o comprovam. O pintor percebeu que a
composição de estórias precisa de uma alma sem
amarras.

A pintura representa as Fábulas personificadas.

---

8   Arquíloco, poeta do período arcaico grego (c. 680–645
    a.C). Licambes era uma das vítimas de seus poemas de
    invectiva.

Animais e homens juntos circundam Esopo em coro, como nas cenas criadas por ele. A raposa é pintada como corifeu. Esopo a usa na maioria de seus argumentos, como a comédia usava Davo.[9]

---

9   Davo é personagem de várias comédias da Antiguidade, como *A moça de Andros* e *Formião*, de Terêncio.

Meneceu

O cerco de Tebas, o muro de sete portas, o exército de Polinices, filho de Édipo. São sete batalhões. Anfiarau[10] se aproxima deles, com aspecto abatido, sabedor daquilo por que irão passar, e os outros chefes também temem — e por isso levantam as mãos a Zeus —, Capaneu[11] olha para a muralha, imaginando se as defesas seriam tomadas com o auxílio de escadas. Nada é lançado das muralhas ainda, pois os tebanos hesitam em iniciar o combate.

É admirável a engenhosidade do pintor. Circunda as muralhas com homens armados e mostra uns por inteiro, outros com as pernas ocultas, outros só a metade do corpo, alguns só o peito, outros as cabeças, alguns apenas os elmos, e por fim, só a ponta das lanças. Isso é uma proporção

---

10 Herói grego que participou da expedição dos Argonautas. Tinha poderes proféticos.

11 Um dos chefes do assédio a Tebas liderado por Polinices contra seu irmão Eteocles. Cf. Ésquilo, *Os sete contra Tebas*.

28   AMORES E OUTRAS IMAGENS

matemática,[12] menino. É preciso enganar os olhos
afastando-os do conjunto.

E não faltam oráculos a Tebas. Tirésias[13]
profere um vaticínio a respeito de Meneceu, filho
de Creonte: com sua morte na caverna do dragão,
a cidade se libertaria da guerra. Ele morre, es-
condido do pai, e é digno de pena por causa de sua
juventude, mas afortunado por sua coragem.

Olhe agora o que fez o pintor! Pinta o jovem não pálido e efeminado, mas corajoso e com
o cheiro dos ginásios, bronzeado, como apraz ao
filho de Áriston,[14] e o representa com o peito e
as costas curtidos e as coxas e glúteos bem pro-
porcionados. As espáduas e os tendões flexíveis
indicam sua força, e tem cabelos abundantes, mas
não longos.

Em pé, no antro do dragão, sacou da espada
que já o atinge no flanco. Vamos recolher o sangue, menino, estendendo nossas vestes: o sangue
jorra e já a alma se afasta e, em alguns momentos,
você ouvirá o lamento agudo dela, pois as almas
amam os belos corpos e afastam-se deles a contra-
gosto. Com o sangue se esvaindo lentamente, ele
cai e recebe a morte com olhar belo e doce, como
se fosse dormir.

---

12   Tradução para o vocábulo grego *analogia*. Pela descrição,
     supõe-se a presença de perspectiva, mas como não era
     conceito estabelecido como tal, optou-se pela tradução
     "proporção matemática".

13   Vate tebano, presente em vários mitos e sempre respeitado
     por suas profecias.

14   O filho de Áriston é Glauco, um dos personagens que
     dialogam com Sócrates na *República*. A passagem é uma
     alusão a *República*, 474, em que Sócrates reflete sobre
     os elogios feitos à beleza dos jovens amantes.

Cúbitos

À volta do Nilo os Cúbitos brincam, crianças do tamanho de seus nomes, e o Nilo se alegra com eles, dentre outras coisas porque anunciam o tamanho de suas cheias aos egípcios. Assim, são carregados pela corrente e saídos da água, chegam a ele, criaturas delicadas e sorridentes. Acho até que compartilham da capacidade de falar.

Alguns se sentam em seus ombros, outros se penduram em seus cabelos, outros se aninham em seus braços e outros, ainda, festejam em seu peito.

E ele lhes dá flores, algumas de seu colo, outras de seus braços, para que teçam coroas, e eles, seres sagrados e cheirosos, possam dormir em um leito florido. E as crianças sobem umas nas outras, portando sistros[15] — seu alarido é conhecido daquelas águas.

Crocodilos e hipopótamos, que alguns pintam à beira do Nilo, estão afastados nas profundezas da correnteza, para que o medo não tome as crianças.

Os sinais de agricultura e navegação indicam que se trata do Nilo, menino, pelo seguinte: o

---

15 Trombeta usada entre os egípcios nos sacrifícios à deusa Ísis.

Nilo torna o Egito navegável, e quando é bebido pela planície, dá terra fértil; na Etiópia, porém, onde nasce, uma divindade foi designada como sua guardiã e por ela o rio é enviado de acordo com as estações.

A divindade foi pintada para parecer alta como o céu e tem os pés sobre as fontes, com a cabeça inclinada, como Poseidon. O rio olha para a divindade e pede que suas crianças sejam muitas.

Amores

Olhe! Os Amores estão colhendo maçãs! Se há muitos, não se espante. São filhos das ninfas, governam tudo o que é mortal e são muitos, pois muitas são as coisas que os homens amam. Dizem que um deles, celeste, rege até mesmo os assuntos divinos. Você sente um doce aroma que vem do pomar ou isso lhe é imperceptível? Mas escute com boa vontade: pois as maçãs, com minhas palavras, vão atingi-lo. Estas fileiras de árvores alinham-se perfeitamente e há espaço entre elas para caminhar. Uma relva recobre suave os caminhos e serve de leito macio aos que nela se deitam.

Da ponta dos galhos, brilham maçãs cor de ouro, vermelho fogo e amarelo sol oferecendo-se a todo o bando de Amores para serem colhidas. Aljavas cravejadas de ouro guardam flechas áureas, e o bando esvoaça, leve, após pendurá-las nas macieiras. Suas capas, bordadas, estendem-se pela relva e delas emana o brilho de miríades de cores. Guirlandas não lhes enfeitam a cabeça, bastam os cabelos. As asas azul mar, púrpura e em alguns, douradas, vibram o ar e, em harmonia, produzem quase música.

Veja as cestas, que lindas, crivadas de sardônicas, esmeraldas e pérolas verdadeiras! Decerto obra de Hefesto! Ali guardam as maçãs.

Mas de escadas, feitas pelo deus, os Amores não precisam: voando, alcançam as maçãs no alto das árvores. Nem vou falar dos que dançam em roda, dos que correm, dos que estão deitados e dos que se alegram comendo as maçãs, mas vejamos o que estes outros significam.

Olhe! Quatro dos mais belos Amores escapam discretamente dos outros. Dois deles brincam jogando uma maçã um para o outro; os outros dois, um flecha o outro, que revida. No rosto, nenhuma raiva, mas oferecem o peito um ao outro para que as flechas acertem bem ali. Belo enigma! Agora, veja se eu consigo compreender o pintor.

Menino, isso é o amor, e o desejo que têm um pelo outro!

Os que brincam com a maçã, estão começando a se desejar. O que primeiro lança a maçã, a beija, e o outro, com as mãos estendidas para beijá-la, se a pega, joga-a de volta.

A dupla que desfere flechas está confirmando um amor já existente. Por isso, eu digo que os que brincam estão começando a se amar; os outros dois, atiram-se flechas para que o desejo não acabe.

E não deixemos que aquela lebre nos escape! Vamos caçá-la, junto com os Amores. Ela está sentada sob as macieiras, comendo as maçãs caídas no chão, deixando muitas comidas apenas pela metade e eles a caçam e perseguem. Este aqui, batendo as mãos; aquele gritando, aquele outro agitando a clâmide. Alguns, gritando, voam sobre a lebre, outros lhe dão caça a pé. Um deles se lança sobre ela. O animal se esquiva, outro deles tenta pegá--la pelas patas de trás e pega, mas ela escapa.

Então, rindo e se jogando no chão, uns de lado, outros de bruços e outros ainda de costas, todos se mostram desapontados. Nenhum deles

FILÓSTRATO, O VELHO 33

despede flechas, mas todos tentam pegar a lebre com a mão, viva, para oferecê-la em sacrifício e deleitar Afrodite.

Você sabe o que se diz sobre a lebre: que nela há muito de Afrodite. Diz-se da fêmea que amamenta os que gerou e concebe novamente enquanto ainda está amamentando.[16] E até emprenha quando já se encontra prenhe e em nenhum momento seu ventre encontra-se infecundo.

O macho gera filhotes segundo a natureza dos machos e também concebe, contrariamente ao que é natural. Assim, os amantes indelicados observaram nesse animal certa persuasão erótica e perseguem meninos com artifícios violentos.

Mas deixemos esses assuntos aos homens injustos e indignos de serem correspondidos no amor, e você, junto comigo, olhe para Afrodite. Mas onde está e em que parte do pomar? Você vê uma gruta, donde corre um fio de água do mais puro azul, fresca e potável, que se ramifica para matar a sede das macieiras? Perceba Afrodite lá: creio que as ninfas lhe dedicaram um templo, por tê-las feito mães dos Amores, e por isso, mães afortunadas.

O espelho prateado, as sandálias douradas e os broches de ouro, tudo ali foi dedicado não sem motivo. Dizem pertencer a Afrodite, pois isso

---

16 Heródoto, *História*, 3, 108, 10: "[...] que a lebre é caçada por todas as feras e também por pássaros e homens, e assim, é muito fértil. Dentre todos os animais somente ela emprenha estando já prenhe, e dos filhotes no útero alguns já têm pelos, outros ainda não; uns estão se formando no útero da mãe; outros, acabaram de ser concebidos". Cf. o mito de Prometeu, em Platão, *Protágoras*, 321b.5: "[...] e a alguns deu proles pequenas, mas aos que servem de alimento àqueles, deu proles numerosas, buscando assim, a preservação da espécie". (Tradução nossa.)

está gravado neles e mostra que são oferendas das Ninfas.

Os Amores oferecem a Afrodite as primícias das macieiras e, circundando-a, rogam-lhe que seu pomar seja belo.

Mêmnon[17]

O exército de Mêmnon, com as armas depostas, chora
o maior deles, atingido no peito, parece-me, por
uma lança de freixo.[18]
 Ao encontrar a vasta planície, as tendas,
a fortificação do acampamento e cidade sitiada
dentro de seus muros, sei que esses são os etíopes
e essa é Troia, a chorar Mêmnon filho de Éos.[19]
 Dizem que tendo vindo em socorro a Troia,
apenas chegado, o grande filho de Peleu[20] o mata,
apesar de Mêmnon não lhe ser inferior em nada.
 Olhe como jaz enorme sobre o chão e como são
longos seu cachos, que sei, deixou crescer para
o Nilo. Pois se os egípcios possuem o delta, os
etíopes têm a nascente deste rio. Olhe seu aspecto, como é forte, mesmo com os olhos sem vida;
olhe sua barba recente, como a juventude de quem o
matou.

---

17 Mêmnon, filho de Éos (Aurora), lutou na guerra de Troia
  ao lado dos troianos. É morto por Aquiles.

18 Em grego, *mélia*: *Ilíada* 19, 390—391: "Dera-a Quirão a
  Peleu, para exício de heróis numerosos;/ fora tirada do
  tronco de um freixo do cimo do Pélio". Trad. Carlos
  Alberto Nunes.

19 Éos, deusa da manhã, mãe de Mêmnon. O mesmo que Aurora.

20 Aquiles.

Você nem diria que Mêmnon é negro. Pois algo do frescor da juventude brilha nele através do negro atro.

Os deuses urânios: Éos de olhos baixos e em luto por seu filho deixa faltar o sol e faz a noite chegar antes da hora e cobrir o acampamento para que seja possível roubar o corpo do filho, com a anuência de Zeus.

E olhe! Já foi roubado e está no canto da pintura. Onde está? Sob que pedaço de chão? Não existe um túmulo de Mêmnon, o corpo de Mêmnon, na Etiópia, foi transformado em grande pedra negra. Está sentado e creio que a aparência é a dele. E um raio de sol ilumina a estátua.

Parece que o Sol, à maneira de um pléctron,[21] ao tocar a boca de Mêmnon faz soar sua voz, e, com esse artifício de fala, consola Aurora.

---

21 Pléctron: espécie de "palheta" utilizada para tocar a lira.

Amímone

Você já se deparou com Poseidon, creio que em Homero, viajando sobre o mar, quando saiu do Egas[22] para se juntar aos Aqueus,[23] e o mar a rolar sereno, carregando-o junto a seus cavalos e monstros marinhos. Pois lá eles também acompanham e festejam Poseidon como aqui. Acho que lá, você tem a impressão de que os cavalos são terrestres — Homero sustenta que têm patas de bronze, são céleres e fustigados por um chicote; aqui, hipocampos[24] levam a carruagem, têm nadadeiras no lugar de cascos, são bons nadadores, de olhos glaucos e, por Zeus, parecem golfinhos!

Lá, Poseidon parece aborrecido e ressentido com Zeus, que fez os helenos bater em retirada e decidiu que seriam os mais fracos; aqui, é pintado fulgurante, de olhar ditoso e muito agitado pelo amor.

---

22 Nas ilhas do mediterrâneo.

23 *Ilíada*, XIII, 17-31.

24 O cavalo marinho mitológico. Retratado como uma criatura metade cavalo, metade peixe ou monstro marinho.

AMORES E OUTRAS IMAGENS

Amímone, filha de Dânao, costuma vir até o
Ínaco[25] e conquistou o deus, que se prepara para
caçá-la. Ainda não se sabe amada.

O pânico da menina, sua agitação, e o vaso
de ouro que ela deixa cair das mãos mostram sua
perplexidade e hesitação — o que deseja Poseidon saindo do mar com todo vigor? —, sua palidez
natural o ouro, misturado ao reflexo d'água, faz
brilhar. Vamos nos afastar da ninfa, menino: pois
uma onda já se eleva para a união e embora ainda
brilhante e azulada, de vermelho Poseidon irá
pintá-la.

---

25 Rio da Argólida.

Sêmele

Bronte,[26] de dura face, e Astrape,[27] de olhos dar-
dejantes e lançando fogo furioso do céu, que
atinge a casa de um tirano,[28] compõem o discurso
que segue, caso não o desconheça.

Uma nuvem de fogo paira sobre Tebas e cai
sobre o teto de Cadmo, enquanto Zeus corteja Sêmele. Ela morre, ao que parece, mas dá a luz a
Dionísio, creio, por Zeus, em meio às chamas.

E o vulto de Sêmele é apenas vislumbrado,
tênue, enquanto sobe ao céu, e lá as Musas a cantam. Dionísio salta do ventre dilacerado da mãe,
e o fogo empalidece com seu brilho, fulgurante
como uma estrela.

A chama se divide e forma uma gruta para
Dionísio, mais prazerosa do que todas as da As-
síria e da Lídia. Trepadeiras luxuriam com seus
cachos de hera e já as videiras e ramos de tirso
surgem da terra generosa, algumas como se saíssem
do fogo.

---

26 Trovão.

27 Relâmpago.

28 Tirano no sentido antigo, de governante, rei. Não há
aqui conotação de injustiça e crueldade.

40 AMORES E OUTRAS IMAGENS

Não devemos nos surpreender se Geia[29] coroa o Fogo em honra a Dionísio, pois até mesmo ela irá participar com ele das festas báquicas e permitirá que vinho brote das fontes e que o leite corra dos torrões de terra e das pedras como de um seio.

Escute Pan,[30] como parece cantar Dionísio no cume do Citéron,[31] dançando aos gritos de "evoé".[32] O Citéron lamenta, na forma de homem, as dores que logo nele hão de ocorrer[33] e porta uma coroa de hera sobre a cabeça, que está caída — pois foi coroado contra vontade. Megera[34] plantou ali um pinheiro fazendo surgir uma fonte de água em honra, creio eu, ao sangue de Actéon[35] e Penteu.[36]

---

29 Terra.

30 Deus dos pastores, representado como uma divindade semi-humana.

31 Monte vizinho a Plateias, famoso por ter sido cenário de vários eventos mitológicos. Citéron era o nome do rei de Plateias.

32 Grito lançado pelos seguidores de Dionísio durante as festas báquicas.

33 O despedaçamento de Penteu por sua própria mãe e as bacantes (Eurípedes, *Bacantes*, vv. 1114–1152).

34 Uma das Erínias, divindades responsáveis por punir os crimes consanguíneos.

35 Caçador, filho de Aristeu e Autônoe, foi devorado pelos próprios cães no cimo do Citéron.

36 Tebano descendente de Cadmo, que se opôs à propagação do culto dionisíaco e teve seu corpo despedaçado no Citéron pelas bacantes, entre elas Ágave, sua própria mãe.

Narciso

A fonte pinta Narciso, a pintura a fonte e todo Narciso. O jovem, apenas tornado da caça, recostado à fonte, emana de si um anseio e, enamorado de sua própria beleza, lança um olhar reluzente, como você vê, para a água. A gruta é de Aquelôo[37] e das Ninfas, pintada como se deve: as estátuas são de pedra local, de uma arte primitiva, algumas, gastas pelo tempo, outras, os filhos dos vaqueiros ou pastores mutilaram, ainda imaturos e insensíveis ao deus.

A fonte não desconhece os ritos de Dionísio, pois o deus a mostrou às Lenas.[38] É alimentada por vinhas, heras, e belas trepadeiras, e forrada de cachos de uva e das férulas de onde vem o tirso. Sobre ela cantam pássaros sábios, cada um com sua harmonia, e flores brancas despontam em torno à fonte, não abertas ainda, mas em um desabrochar para o jovem. A pintura honra a tal ponto a verdade que o orvalho goteja das flores e sobre elas pousa uma abelha, e não sei se a abelha foi iludida pela pintura, ou nós iludidos por ela.

---

37   Rio-deus, situado na Etólia.

38   Bacantes.

Mas deixe estar. E você, jovem, não é uma pintura que te iludiu, nem você está absorto pelas cores ou pela cera, mas é você que a água modelou, assim como você vê sem refutar o sofisma da fonte. É preciso inclinar a cabeça ou mudar a expressão, ou então mover levemente a mão e não permanecer na mesma posição. Você, como se tivesse encontrado um companheiro, espera algo dele. Acaso a fonte vai falar com você?

Ele não ouve nada, está imerso, olhos e ouvidos n'água: quanto a nós, falemos sobre como está representado.

O jovem está em repouso, em pé, com os joelhos cruzados e a mão esquerda se apoia sobre uma lança cravada no chão, a direita no quadril, de modo a elevá-lo e obter uma figura que realça os glúteos por meio da inclinação do lado esquerdo. O braço emoldura o ar por causa da flexão do cotovelo. Há uma ruguinha aqui, na dobra do punho, que faz uma sombra que acaba na palma da mão; a sombra é oblíqua, pois que os dedos estão curvados para dentro.

A respiração, ofegante, não sei se é da caça ou já de amor. O olhar por certo, é apaixonado. Seu brilho selvagem e ardor naturais, o anseio ali pousado suaviza. E acredita que é amado da mesma forma, por esse reflexo que o olha com o seu mesmo olhar. Muito poderia ser dito sobre os cabelos, se o tivéssemos encontrado a caçar. São inúmeros os movimentos deles na corrida e ainda mais quando soprados pelo vento. Mas vamos dizer algumas palavras: são abundantes e dourados, parte se estende pela nuca, parte é dividida pelas orelhas, caem sobre a testa e escorrem até o buço.

São idênticos ambos os Narcisos; seu aspecto é o mesmo e a forma de um é igual à do outro, exceto que um está exposto ao ar, o outro, imerso na fonte.

E o jovem se debruça sobre o que se encontra n'água, que o olha intensamente como se sedento de beleza.

Jacinto

Leia a flor do jacinto: está escrito[39] que surge
da terra, em homenagem a um belo jovem e ao mesmo
tempo o lamenta quando chega a primavera, pois
nasceu dele, creio, quando morreu. Que o prado
não distraia você, a flor nasce aqui,[40] como a
que brota da terra. A pintura diz que o cabelo
do jovem é como o jacinto e que o sangue vivo,
na terra, deu-lhe a cor própria da flor. O sangue jorra da cabeça, do local em que o disco a
atingiu.

Terrível o erro, e pouco crível, atribuído
a Apolo. Uma vez que não viemos para criticar os
mitos, nem duvidar do que está à mão, mas somos
apenas espectadores dos quadros, examinemos então
a pintura e, antes, o local de onde se lança o
disco.

É uma plataforma pequena e suficiente apenas para um homem em pé, dando suporte ao dorso
e perna direita, ao corpo que pende para a frente
deixando mais leve a outra perna, que deve ser
lançada e se mover junto com a mão direita.
Quanto à figura do homem que segura o disco, de-

---

39 Refere-se às letras AI AI que se veem sobre as pétalas
    das flores do jacinto.

40 Aqui se refere ao quadro que será descrito.

46 AMORES E OUTRAS IMAGENS

pois de virar a cabeça para a direita, é preciso
se curvar, a tal ponto que possa ver suas coste-
las, e lançar o disco se levantando e projetando
todo seu lado direito.[41]

Apolo lançou o disco dessa maneira, não o
faria de outra forma, e o disco atingiu o jovem,
que está caído sobre ele. É um jovem da Lacônia,
de pernas retas, não estranho à pista de corrida,
com braços já desenvolvidos e que deixa entrever
algo de sua ossatura. Apolo, com o rosto voltado
para outro lado, ainda se encontra sobre a plataforma e olha para o chão. Você diria que ele está
pregado lá, tamanha a consternação que o atingiu.

Zéfiro, cruel, se vingou do deus e dirigiu
o disco contra o rapaz: a cena parece engraçada
para o vento, que zomba de Apolo de seu local
de observação. Creio que você o vê, com asas nas
têmporas e aspecto gracioso. Ele carrega uma coroa com todas as flores, e em pouco tempo, tecerá
o jacinto entre elas.

---

41 A postura descrita é exatamente àquela observada na
escultura *O Discóbolo*, de Míron.

Ândrios

O curso de vinho na ilha de Andros e seus habitantes, bêbados do rio, são o tema da pintura. Por causa de Dionísio, a terra plena de vinho se abre para os ândrios e lhes faz brotar o riacho. Se você pensa em água, não é grande, mas em vinho, é enorme o riacho, e divino.

Quem dele tiver bebido é capaz de desdenhar o Nilo e o Íster[42] e dizer que seriam melhores mesmo que menores, se da mesma forma brotassem.

E é isso, penso, que cantam os ândrios com suas mulheres e crianças, coroados com hera e norça, alguns dançando em roda em cada margem, outros, deitados. É bem possível que seja este o tema da canção: como o Aquelôo tem juncos, o Peneu[43] banha Tempe,[44] e o Pactolo[45] «....»[46] flores, e este rio torna todos ricos, poderosos na assembleia, zelosos dos amigos, belos e, em vez de pequenos, dá-lhes quatro côvados de altura.

---

42 Rio-deus da Cítia (Danúbio, na atual Romênia).

43 Rio da Tessália.

44 Vale de Tempe, na Tessália. Celebrado como local favorito de Apolo e das Musas.

45 Rio Pactolo, na Ásia Menor.

46 O sinal «....» indica lacuna no texto original.

Aos que dele se fartam, é dado reunir todas essas qualidades e acreditar que as possuem. Cantam que esse é o único rio que não é acessível a bois e cavalos, mas é vertido por Dionísio e bebido puro, e flui apenas para os homens. Acredite ouvir esse canto, e é isso que cantam alguns deles com a fala engrolada pelo vinho.

É o que se vê da pintura: o rio se deita em um leito de cachos de uva e mana sem mistura, com aspecto túrgido. Tirsos crescem em suas margens como os juncos n'água, e após deixar a terra e os festins, encontra os Tritões[47] em sua nascente, a recolher vinho em conchas. E alguns bebem dele, outros o esguicham para cima, e alguns dos Tritões, bêbados, dançam.

Dionísio navega para os festejos em Andros, a nau já ancorada, e conduz uma profusão de Sátiros,[48] Silenos[49] e Lenas. Também traz Riso[50] e Como, os deuses mais alegres e festeiros, para que com grande prazer o rio possa ser desfrutado.

---

47 Divindades metade homem e metade peixe.

48 Divindades campestres, companheiras de Dionísio, representadas com chifres e pernas de bodes.

49 Semideuses frígios, companheiros de Dionísio, representados com o aspecto de velhos barrigudos e beberrões.

50 Riso personificado.

Caçadores

Não passem correndo por nós, ó caçadores, nem incitem os cavalos, antes que possamos rastrear o que vocês querem e o que caçam. Vocês dizem que estão perseguindo um javali selvagem e eu vejo o que fez a fera — cavou sob as oliveiras, cortou as vinhas e não poupou nenhuma figueira, nem maçã ou macieira, mas arrancou tudo da terra, cavando, pisoteando ou se esfregando contra elas.

Eu o vejo, tem o pelo eriçado e olhos de fogo e os dentes rangem contra vocês, ó nobres jovens! É terrível de fato essa fera, que pode ouvir de longe o barulho dos caçadores — creio que caçando a visão daquele jovem foram caçados por ele e estão ávidos pelo perigo. Por que tão perto? Por que o tocam? Por que estão voltados para ele? Por que se atropelam com os cavalos?

Fui atingido! Fui levado pela pintura a acreditar que eles não estavam pintados, mas existiam, e se moviam, e amavam — eu os provoco como se ouvissem e pareço ouvir algo em resposta — e você,[51] nada disse para me arrancar do engano, conquistado como eu e não logrando se libertar

---

51 Dirige-se ao menino, seu interlocutor.

50 AMORES E OUTRAS IMAGENS

da ilusão e sonho da pintura. Examinemos então a pintura: encontramo-nos diante de uma.

Circundam o jovem belos rapazes e perseguem belas coisas, tal como deve ser com os bem-nascidos. Um mostra no rosto um quê de atlético, outro de graça, um terceiro de vivacidade, e aquele outro, você dirá, acaba de sair de um livro. Os cavalos que os carregam não se parecem em nada uns aos outros: um branco, outro zaino, este negro e aquele alazão, com rédeas de prata, jaezes trabalhados em ouro. Dizem que esses pigmentos os bárbaros do Oceano vertem sobre o bronze ardente, e misturando-os e solidificando-os, preservam o que foi pintado — e tampouco as vestes e equipamentos se parecem. Um monta bem equipado e leve, creio que é um bravo lanceiro; outro protege o peito, ameaçando uma luta com a fera; este protege as pernas; aquele as coxas.

Este jovem cavalga um corcel branco que, como você vê, tem a cabeça negra e um medalhão branco entalhado à testa, à imagem do plenilúnio, ajaezado em ouro e a brida de um vermelho persa, cor que brilha junto ao ouro como gema ardente. A roupa do jovem consiste de uma clâmide que o vento fez esvoaçar — a cor é daquele púrpura que os fenícios amam, e que deve ser apreciada mais que os outros púrpuras, e embora pareça uma cor escura, carrega em si o esplendor do sol e irradia o brilho de seu calor. Com vergonha de se despir diante dos outros, veste um quitão[52] de mangas púrpura, que lhe chega igualmente ao meio das coxas e dos cotovelos. Ele sorri, seu olhar brilha e os cabelos são longos, mas de forma a não encobrir os olhos quando revoltos pelo vento.

---

52 Espécie de túnica usada por jônios e dórios, na Grécia Antiga.

FILÓSTRATO, O VELHO 51

Decerto alguém louvará suas maçãs do rosto, ou as proporções do nariz e, dessa forma, as outras feições, mas eu admiro seu espírito, pois como caçador é valente, orgulhoso de seu cavalo e sabe que é desejado.

Mulas e muleiros carregam seus equipamentos: armadilhas e redes, lanças para javalis, hastas e pontas de lança dentadas, e junto a eles os condutores dos cães e batedores, e a matilha. Não apenas o faro ou esperteza são excelentes, mas também sua nobreza, pois também coragem era necessária para enfrentar a fera. A pintura mostra cães lócrios, lacedemônios, indianos e cretenses, alguns animados e latindo «....» outros atentos farejando a trilha e mostrando os dentes.

E os caçadores que avançam cantarão Agrotera:[53] há adiante um templo dela e uma estátua gasta pelo tempo, e cabeças de javalis e de ursos, e de animais selvagens consagrados à deusa. Ali habitam corças, lobos e lebres, mansos e sem medo dos homens. Inicia-se, após a prece, a caçada.

E o javali não se esconde, pula dos arbustos, cai sobre os cavaleiros e causa desordem entre eles com seu ataque. É vencido pelos lanceiros afinal, mas não mortalmente, porque estava protegido contra as lanças e também porque não estava sendo atacado por caçadores decididos. Mas, enfraquecido pela ferida superficial na coxa, foge pela floresta, à espreita em uma charneca profunda, numa lagoa ao lado dela.

Os outros o perseguem então, com gritos, até próximo ao charco, mas o jovem continua a caçada até a lagoa, com estes quatro cães. A fera tenta ferir o cavalo, mas o jovem se debruça sobre ele e se inclina para a direita e joga a lança com todo

---

53 Um dos epônimos de Ártemis.

o braço, atingindo o animal bem onde o costado se
une ao pescoço.

E então os cães derrubam o animal ao
solo, e os amantes gritam das margens elevadas,
rivalizando-se, cada um suplantando seu vizinho.
Um cai do cavalo, sem controle após tê-lo excitado
e tece uma guirlanda das flores da charneca para
o jovem. O jovem ainda está na lagoa, ainda na
mesma posição em que atirou a lança. Os outros
estão estupefatos e o olham como se fosse pintado.

Coro de meninas

Afrodite ebúrnea, em um bosque de suaves mir-
tos, cantam suaves meninas. Mestra experiente
as conduz, ainda não muito velha; algum frescor
remanesce em suas primeiras rugas, que, trazendo
embora a gravidade da maturidade, se mesclam ainda
ao que resta da flor da juventude. A figura é a
de Afrodite Recatada,[54] nua e digna, esculpida em
blocos de marfim. Mas a deusa não quer parecer
pintada, se destaca como se pudesse ser tocada.

Quer que façamos uma libação de palavras
sobre o altar? Ali já há franquincenso, canela
e mirra que bastem, e parece-me que sinto algum
aroma de Safo. A excelência da pintura, pois,
deve ser elogiada, primeiro porque é circundada
com pedras caras à deusa, imitadas não com cores,
mas com luz, translúcidas como a pupila dos olhos,
e também porque logra que ouçamos o hino.

---

54 Afrodite Recatada é um modelo iconográfico muito difun-
    dido na Antiguidade: um exemplo é a Vênus Capitolina.
    Aparece cobrindo os seios com o braço direito e o púbis
    com a mão esquerda. Tem como modelo a Afrodite de Cnidos,
    de Praxíteles, que cobria apenas o púbis, e não o seio.
    Cf. *La Pinacoteca di Filostrato Maggiore*, trad. de
    Giovanni Lombardo. Palermo: Aesthetica Edizioni, 2010,
    p. 100, n. 155.

54   AMORES E OUTRAS IMAGENS

As meninas cantam, então, cantam, e a mestra olha feio para uma que está fora do tom, batendo as mãos e trazendo-a de volta à melodia. A simplicidade das vestes é tal que não as atrapalhe caso queiram dançar, o cinto justo ao corpo, a túnica que não cobre os braços, e como descalças se alegram, pisando a grama macia e bebendo o frescor do orvalho! As flores nos vestidos e as cores delas, como se combinam entre si, divinamente imitadas!

Os pintores que não atentam a essa harmonia não mostram a verdade em suas pinturas. A beleza das virgens, se a Páris ou algum outro coubesse julgar, creio que se encontraria em dificuldades para dar seu voto, de tal forma se rivalizam em braços rosados, olhos vivazes, belas faces e vozes de mel, como no doce verso de Safo.

Eros,[55] reclinado perto delas, toca suavemente a corda do arco, que ressoa em todos os modos e afirma possuir tudo o que tem a lira, e rápidos são os olhos do deus, acho que tem algum ritmo em mente. O que, então, as meninas cantam? Algo da canção está pintado...

Contam que Afrodite surgiu do mar, do sêmen de Urano. Em que ilha aportou, ainda não falam, mas acho que dirão Pafos; cantam inteiro o nascimento da deusa: olhando para cima, mostram que veio do céu e movendo levemente as mãos, com as palmas para cima, mostram que saiu do mar, e o sorriso delas é signo da mansidão marinha.

---

55   Deus do Amor, também conhecido como Cupido.

Pan

Pan, dizem as Ninfas, dança muito mal e dá saltos fora do ritmo, pulando e se retorcendo à moda de bodes agitados. Elas lhe ensinariam outra dança, mais agradável a seu caráter, mas ele não lhes dá ouvidos e tenta seduzi-las, tocando-lhes o seio. Elas o atacam ao meio-dia, quando se diz que Pan dorme e deixa a caça de lado.

Antes ele costumava dormir relaxado, com movimentos suaves das abas do nariz, sua cólera mitigada pelo sono, mas hoje ele está furioso: as Ninfas o surpreenderam e Pan teve suas mãos presas atrás das costas e teme por suas pernas, pois elas também querem amarrá-las. E a barba, o que ele mais estima, foi raspada pelo ataque de lâminas. E elas dizem que convencerão Eco[56] a desprezá-lo e não mais emitir sequer um som para ele.

Estas são todas as ninfas. Olhe agora para elas de acordo com seus grupos: algumas são Náiades[57] pelo aspecto, gotas de água escorrem de seus cabelos; as Ninfas dos Bosques em nada são infe-

---

56 Ninfa das montanhas, por quem Pan se apaixonou. Hera as teria amaldiçoado a falar apenas por meio de ecos, repetindo as últimas palavras do que foi dito antes.

57 Ninfas que habitam rios, lagos e fontes.

riores às da água; e estas são Ninfas das Flores,
que têm cabelos como a flor do jacinto.

Teias

Uma vez que você canta o tecido de Penélope, pois se deparou com uma bela pintura, que lhe parece conter todo ele, bem estendido no tear, com as cores distribuídas pelos fios e a lançadeira que só falta sussurrar, e Penélope desmanchando-se em lágrimas (lágrimas que Homero diz derreterem até mesmo a neve), desfazendo aquilo que teceu, olhe também a aranha tecendo aqui perto, se não supera Penélope e até mesmo os sera,[58] com seus tecidos finíssimos e a custo visíveis.

Este é o pórtico de uma casa desafortunada. Você diria que não tem dono; em seu interior o pátio parece deserto e nem as colunas a sustentam mais, pois estão desabando: serve de lar apenas para aranhas, pois esses animais apreciam tecer em tranquilidade. Olhe os filamentos — elas os fiam e soltam-nos ao chão —, o pintor as mostra subindo e descendo por eles — acrobatas aéreas, como diz Hesíodo[59] —, exercitando seus saltos.

Tecem suas moradas pelos cantos, uns mais largos, outros estreitos. Os largos são úteis para veranear, os estreitos, bons para passar o

---

58 Provavelmente os chineses.

59 *Trabalhos e dias*, v. 777.

inverno. E certamente também essas coisas belas do pintor: mostrou-nos em detalhes a aranha com afinco a tramar, e as marcas naturais que elas têm em seus corpos, e sua penugem eriçada, e seu aspecto rude — que bom artista e quão fiel à verdade! Teceu-nos até mesmo os fios mais finos!

Olhe: um cordão de quatro partes sustenta os quatro ângulos, como um cabo para a teia. A esse cordão se prende uma teia muito fina, formada de muitos círculos concêntricos, e filamentos estendidos perpendicularmente, desde o primeiro círculo até o menor deles, são entretecidos nela, com espaços entre si, no mesmo número dos círculos. As tecelãs, então, caminham entre eles, tensionando os fios que se afrouxaram.

Mas ganham a recompensa de seu tecer e se alimentam das moscas, sempre que elas se prendem nas teias. Nem mesmo a essa caçada se furtou o pintor. Uma é presa pela pata, outra pela ponta da asa, outra ainda com a cabeça comida, todas resistindo e tentando fugir, mas não conseguindo nem se mexer, nem se soltar das malhas da teia.

Horas

Se às Horas compete guardar os portões do céu, deixemos para Homero saber — é provável que ele as tenha conhecido quando lhe coube sua parte do éter[60] —, mas aquilo que a pintura se esmera em mostrar, é fácil ao homem compreender. Pois as Horas, em suas formas próprias, chegam à terra de mãos dadas e fazem girar o ano,[61] e a terra, sábia, lhes dá tudo de cada estação.

"Não pise o jacinto ou a rosa!" — não é o que direi às Horas da primavera: pois parecem mais cheirosos quando pisados e exalam um cheiro mais doce que elas. E "não andem sobre os campos recém-arados", não é o que direi às Horas do inverno: pois o solo pisado por elas dará espigas. E elas, louras, caminham sobre a cabeleira de espigas, sem quebrá-las ou dobrá-las, pois são muito leves, e nem balançam o milharal.

É delicioso em vocês, ó vinhas, tentar agarrar a Hora do outono. Vocês amam essas Horas, porque elas lhes fazem belas e, doce o seu vinho. Este é, então, o fruto da pintura, e as próprias

---

60 Éter era uma das substâncias elementares a partir da qual o Universo era formado.

61 Cf. Proêmio: uma das possíveis origens para a pintura é ser invenção dos deuses: "as Horas pintam os prados".

60   AMORES E OUTRAS IMAGENS

Horas, encantadoras, e a arte, divina. E como cantam e rodopiam, e nenhuma mostra as costas para nós ao se aproximar, e os braços para cima, e a liberdade dos cabelos soltos, e as bochechas vermelhas com o exercício, e os olhos parceiros na dança!

Talvez nos deem licença para criar uma história para o pintor: creio que tendo encontrado as Horas a dançar, foi pego por elas em sua arte e talvez elas lhe tenham dito que é preciso pintar com graça.[62]

---

62   Jogo de palavras: *hóra* em grego quer dizer tanto estação ou período de tempo (e aqui as Horas aparecem personificadas como deusas), como graça e elegância. Além disso, o verbo utilizado no grego e aqui traduzido como pintar (*gráphein*), significa tanto pintar como escrever. E afinal, escrevendo, Filóstrato pintou os quadros de sua coleção.

Nota da tradutora

Esta tradução é parte de um projeto de mestrado em anda-
mento junto ao Programa de Pós-Graduação em Letras Clássicas do Departamento de Letras Clássicas e Vernáculas (DLCV)
da Faculdade de Filosofia, Letras e Ciências Humanas da
Universidade de São Paulo (FFLCH-USP) intitulado *Écfrase
e phantasia: pintura e(m) palavras: Filóstrato, o velho* e
realizado com bolsa de estudos concedida pela Fundação de
Amparo à Pesquisa do Estado de São Paulo (FAPESP). Tem como
base o texto grego editado por Ottonis Benndorfii e Caroli
Schenkelli na Bibliotheca Teubneriana (1893), a partir do
manuscrito Vindobonensium.

Por ser trabalho acadêmico, conta com a ajuda de várias
pessoas, às quais devo agradecimentos: aos integrantes do
grupo de pesquisa do qual faço parte, Imagens da Antiguidade Clássica, que realiza um trabalho sério, consistente
e entusiasmado e fornece uma base firme para a pesquisa
individual de cada membro; a Rafael Brunhara, revisor desta
tradução, pelas correções e pelas boas ideias; ao Prof.
Dr. João Ângelo Oliva Neto, pelas discussões e sugestões
para a primeira tradução que fiz de Filóstrato, Amores; ao
Prof. Dr. Daniel Rossi Nunes Lopes, a quem devo o que sei
de língua grega; a meu orientador Prof. Dr. Paulo Martins,
não só pela presença e ajuda constantes, como pela genero-
sidade infinita e pela oportunidade que me proporcionou de
trabalhar com um texto tão estimulante e, acima de tudo,
belo.

Créditos

Fundação Bienal de São Paulo

Fundador: Francisco Matarazzo Sobrinho · 1898–1977 (*presidente perpétuo*)

Conselho de Honra: Oscar P. Landmann † (*presidente*)

Membros do Conselho de Honra composto de ex-presidentes: Alex Periscinoto, Carlos Bratke, Celso Neves †, Edemar Cid Ferreira, Jorge Eduardo Stockler, Jorge Wilheim, Julio Landmann, Luiz Diederichsen Villares, Luiz Fernando Rodrigues Alves †, Maria Rodrigues Alves †, Manoel Francisco Pires da Costa, Oscar P. Landmann †, Roberto Muylaert

Conselho de administração: Tito Enrique da Silva Neto (*presidente*) Alfredo Egydio Setubal (*vice-presidente*)

Membros vitalícios: Adolpho Leirner, Alex Periscinoto, Benedito José Soares de Mello Pati, Carlos Bratke, Gilberto Chateaubriand, Hélène Matarazzo, Jorge Wilheim, Julio Landmann, Manoel Ferraz Whitaker Salles, Miguel Alves Pereira, Pedro Aranha Corrêa do Lago, Pedro Franco Piva, Roberto Duailibi, Roberto Pinto de Souza, Rubens José Mattos Cunha Lima

Membros: Alberto Emmanuel Whitaker, Alfredo Egydio Setubal, Aluizio Rebello de Araujo, Álvaro Augusto Vidigal, Andrea Matarazzo, Antonio Bias Bueno Guillon, Antonio Bonchristiano, Antonio Henrique Cunha Bueno, Beatriz Pimenta Camargo, Beno Suchodolski, Cacilda Teixeira da Costa, Carlos Alberto Frederico, Carlos Francisco Bandeira Lins, Carlos Jereissati Filho, Cesar Giobbi, Claudio Thomas Lobo Sonder, Danilo dos Santos Miranda, Decio Tozzi, Eduardo Saron, Elizabeth Machado, Emanoel Alves de Araújo, Evelyn Ioschpe, Fábio Magalhães, Fernando Greiber, Fersen Lamas Lembranho, Gian Carlo Gasperini, Gustavo Halbreich, Jackson Schneider, Jean-Marc Robert Nogueira, Baptista Etlin, Jens Olesen, Jorge Gerdau Johannpeter, José Olympio da Veiga Pereira, Marcos Arbaitman, Maria Ignez Corrêa da Costa Barbosa, Marisa Moreira Salles, Meyer Nigri, Nizan Guanaes, Paulo Sérgio Coutinho Galvão, Pedro Paulo de Sena Madureira, Roberto Muylaert, Ronaldo Cezar Coelho, Sérgio Spinelli Silva, Susana Leirner Steinbruch, Tito Enrique da Silva Neto

Conselho fiscal: Carlos Alberto Frederico, Gustavo Halbreich, Tito Enrique da Silva Neto, Pedro Aranha Corrêa do Lago

Diretoria executiva: Heitor Martins (*presidente*), Eduardo Vassimon (*1º vice-presidente*), Justo Werlang (*2º vice-presidente*)

Diretores: Jorge Fergie, Luis Terepins, Miguel Chaia, Salo Kibrit

30ª Bienal de São Paulo

Curadoria: Luis Pérez-Oramas (*curador*), André Severo (*curador associado*), Tobi Maier (*curador associado*), Isabela Villanueva (*curadora assistente*)

Curadores convidados: Ariel Jimenez (Roberto Obregón), Helena Tatay (Hans-Peter Feldmann), Susanne Pfeffer (Absalon), Vasco Szinetar (Alfredo Cortina), Wilson Lazaro (Arthur Bispo do Rosário)

Assessoria curatorial: Andre Magnin (Frédéric Bruly Bouabré, Ambroise Ngaimoko-Studio 3Z), Joaquim Paiva (Alair Gomes), John Rajchman (Fernand Deligny, Xu Bing), Justo Pastor Mellado (Ciudad Abierta), Luciana Muniz (Alair Gomes), Micah Silver & Robert The (Maryanne Amacher), Pia Simig (Ian Hamilton Finlay), Sandra Alvarez de Toledo (Fernand Deligny), Teresa Gruber (Mark Morrisroe)

Diretor superintendente: Rodolfo Walder Viana

Consultor: Emilio Kalil

Coordenação geral de produção: Dora Silveira Corrêa

Curadoria Educativo Bienal: Stela Barbieri

Coordenação geral de comunicação: André Stolarski

Projetos e produção

Produtores: Felipe Isola, Fernanda Engler, Helena Ramos, Janayna Albino, Joaquim Millan, Marina Scaramuzza, Waleria Dias, Arthur Benedetti (*logística de transporte*), Grace Bedin (*transporte*), Viviane Teixeira (*assistente geral*), Luisa Colonnese (*assistente*), Marcos Gorgatti (*assistente*), Vivian Bernfeld (*assistente*)

Cenotécnico: Metro Cenografia | Quindó de Oliveira

Montagem de obras: William Zarella

Museologia: Macarena Mora, Graziela Carbonari, Bernadette Ferreira, Heloísa Biancalana

Projeto audiovisual de obras: Maxi Áudio Luz Imagem

Projeto luminotécnico: Samuel Betts

Transporte: Arte3 Log, ArtQuality

Expografia: *Metro Arquitetos Associados* — Martin Corullon (*arquiteto responsável*), Gustavo Cedroni (*arquiteto*), Anna Ferrari (*arquiteta*), Helena Cavalheiro (*arquiteta*), Felipe Fuchs (*arquiteto*), Bruno Kim (*arquiteto*), Marina Iioshi (*arquiteta*), Francisca Lopes (*estagiária*), Rafael de Sousa (*estagiário*)

Comunicação

Coordenação de comunicação: Felipe Taboada (*coordenador*), Júlia Frate Bolliger (*assistente de comunicação*), Julia Bolliger Murari (*assessora de imprensa*)

Coordenação de design: Ana Elisa de Carvalho Price (*coordenadora*), Felipe Kaizer (*designer gráfico*), Roman Iar Atamanczuk (*assistente de design*), André Noboru Siraiama (*estagiário*), Douglas Higa (*estagiário*)

Coordenação editorial: Cristina Fino (*coordenadora*), Diana Dobránszky (*editora*), Alícia Toffani (*assistente editorial*)

Coordenação de internet: Victor Bergmann (*coordenador*)

Apoio à coordenação geral: Eduardo Lirani (*assistente administrativo e produtor gráfico*)

Assessoria de imprensa: A4

Desenvolvimento de website: Conectt

Desenvolvimento do jogo educativo online: Zira

Edição e tradução de legendas: Cid Knipel Moreira, Christopher Mack, Jeffery Hessney, Mariana Lanari

Gerenciamento de documentação audiovisual: Renata Lanari

Produção gráfica: Signorini

Registro audiovisual: *Mira Filmes* — Gustavo Rosa de Moura (*diretor geral*), Bruno Ferreira (*coordenador, fotógrafo e editor*), Francisco Orlandi Neto (*fotógrafo e editor*), Rafael Nantes (*editor*), Brunno Schiavon (*assistente de edição*), Joana Brasiliano (*designer*), Luciana Onishi (*produtora executiva*), Juliana Donato (*produtora*), Leo Eloy (*fotógrafo*), Nick Graham Smith (*trilha sonora*)

Workshop de identidade visual

Designers convidados: Armand Mevis & Linda Van Deursen, Daniel Trench, Elaine Ramos, Jair de Souza, Rico Lins

Participantes do workshop: Adriano Guarnieri, Cecília Oliveira da Costa, Daniel Frota de Abreu, David Francisco, Débora Falleiros Gonzales, Miguel Nobrega, Pedro

Moraes, Rafael Antônio Todeschini, Renata Graw, Renato Tadeu Belluomini Cardilli, Tatiana Tabak, William Hebling

Equipe Bienal: Ana Elisa de Carvalho Price, André Stolarski, André Noboru Siraiama, Douglas Higa, Felipe Kaizer, Matheus Leston, Roman Iar Atamanczuk, Victor Bergmann

Coordenadora de produção: Renata Lanari

Educativo Bienal: Carolina Melo (*assistente de curadoria*), Guga Queiroga (*secretária*)

Supervisão geral: Laura Barboza

Relações externas: Helena Kavaliunas (*coordenadora*), Ana Lua Contatore (*assistente*), Juliana Duarte (*assistente*), Maíra Martinez (*assistente*)

Voluntários: Rosa Maia (*coordenadora*), Bárbara Milano, Chynthia Rafael da Silva, Daniela Fajer (*arquitetura*), Débora Borba, Gaelle Pierson, Giuliana Sommantico, Guilherme de Magalhães Gouvea (*comunicação*), Isadora Reis (*arquivo*), Karla Shulz Sganga (*produção*), Lucia Abreu Machado, Marcelle Sartori, Maria Cecília Lacerda de Camargo, Maria Fillipa Jorge, Maria Varon (*arquivo*), Mariana Lorenzi Azevedo (*curadoria*), Marina Mesquita, Paola Ribeiro, Paula de Andrade Carvalho, Paulo Franco, Tereza Galler, Vera Cerqueira

Ensino: Carlos Barmak (*coordenador*), Daniela Azevedo (*coordenadora*)

Pesquisa: Marisa Szpigel

Produção de conteúdo e palestras: Galciani Neves, Guga Szabzon, Leandro Ferre Caetano, Matias Monteiro, Otávio Zani, Ricardo Miyada, Tiago Lisboa

Comunicação: Daniela Gutfreund (*coordenadora*), Beatriz Cortés (*documentação/sala de leitura*), Denise Adams (*fo-*

tógrafa), Fernando Pião (*fotógrafo assistente*), Sofia Colucci (*estagiária*), Simone Castro (*jornalista*), Amauri Moreira (*documentação audiovisual*)

Produção: Valéria Prates (*coordenadora*), Agnes Mileris (*assistente de produção*), Auana Diniz (*assistente de produção*), Bob Borges (*produtor*), Eduardo Santana (*produtor*), Elisa Matos (*produtora*), Gregório Soares (*assistente de produção*), Marcelo Tamassia (*produtor*), Dayves Augusto Vegini (*assistente de produção*), Mauricio Yoneya (*assistente*), Danilo Guimarães (*estagiário*)

Formação de educadores: Laura Barboza (*coordenadora geral*)

Coordenadores: Elaine Fontana, Pablo Tallavera

Supervisores: Anita Limulja, Carlos Alberto Negrini, Carolina Velasquez, Debora Rosa, Marcos Felinto, Mayra Oi Saito, Pedro Almeida Farled, Rodrigo De Leos, Paula Yurie, Talita Paes

Arquivo Bienal: Adriana Villela (*coordenadora*), Ana Paula Andrade Marques (*pesquisadora*), Fernanda Curi (*pesquisadora*), Giselle Rocha (*técnica em conservação*), José Leite de A. Silva (Seu Dedé) (*auxiliar administrativo*)

Assessoria jurídica: Marcello Ferreira Netto

Finanças e controladoria: Fabio Moriondo (*gerente*), Amarildo Firmino Gomes (*contador*), Fábio Kato (*auxiliar financeiro*), Lisânia Praxedes dos Santos (*assistente de contas a pagar*), Thatiane Pinheiro Ribeiro (*assistente financeiro*), Bolivar Lemos Santos (*estagiário*)

Marketing e captação de recursos: Marta Delpoio (*coordenadora*), Bruna Azevedo (*assistente*), Gláucia Ribeiro (*assistente*), Raquel Silva (*assistente administrativa*)

Recursos humanos e manutenção: Mário Rodrigues (*gerente*), Geovani Benites (*auxiliar administrativo*), Rodrigo Martins (*assistente de recursos humanos*), Manoel Lindolfo Batista (*engenheiro eletricista*), Valdemiro Rodrigues da Silva (*coordenador de compras e almoxarifado*), Vinícius Robson da Silva Araújo (*comprador sênior*), Wagner Pereira de Andrade (*zelador*)

Secretaria geral: Maria Rita Marinho (*gerente*), Angélica de Oliveira Divino (*auxiliar administrativa*), Maria da Glória do E. S. de Araújo (*copeira*), Josefa Gomes (*auxiliar de copa*)

Tecnologia da informação: Marcos Machuca (*assessor especial*), Leandro Takegami (*coordenador*), Jefferson Pedro (*assistente de TI*)

Relações institucionais: Flávia Abbud (*coordenadora*), Mônica Shiroma de Carvalho (*analista*)

Educadores: Adriano Vilela Mafra, Aline de Cássia Silva Escobar Aparício, Aline Marli de Sousa Moraes, Amanda Capaccioli Salomão, Ana Carolina Druwe Ribeiro, Ana Paula Lopes de Assis, André Benazzi Piranda, Andrea Lins Barsi, Anike Laurita de Souza, Anna Livia Marques de Souza, Anna Luísa Veliago Costa, Anne Bergamin Checoli, Bianca Panigassi Zechinato, Bruna Amendola Dell Arciprete, Bruno Brito, Bruno Cesar Rossarola dos Santos, Camila Sanches Zorlini, Carlos Eduardo Gonçalves da Silva, Carolina Brancaglion Pereira, Carolina Laiza Boccuzzi, Carolina Oliveira Ressurreição, Carolina Tiemi Takiya Teixeira, Caroline Pessoa Micaelia, Catharine Rodrigues, Clarisse Gomes Valadares, Danielle Sleiman, Daphine Juliana Ferrão, Desiree Helissa Casale, Diego Castro da Silva Cavalcante, Diran Carlos de Castro Santos, Edivaldo Peixoto Sobrinho, Elfi Nitze, Elisabeth Costa Marcolino, Erivaldo Aparecido Alves Nascimento, Fabio Lopes do Nascimento, Fábio Moreira Caiana, Felipe Eduardo Narciso Vono, Fernanda Dantas da Costa, Fernando Augusto Fileno, Filipe Monguilhott Falcone, Flávia Marquesi de Souza, Francisco Ferreira Menezes, Frederico Luca L. e Silva Ravioli, Gabriel de Aguiar Marcondes

Cesar, Gabriele Veron Chagas Ramos, Gerson de Oliveira
Junior, Giovana Souza Jorqueira, Giuliano Nonato, Glaucia
Maria Gonçalves Rosa, Guilherme Pacheco Alves de Souza,
Inaya Fukai Modler, Isabella da Silva Finholdt, Isabella
Pugliese Chiavassa, Isabelle Daros Pignot, Isadora do Val
Santana, Isadora Fernandes Mellado, Ísis Arielle Ávila
de Souza, Jailson Xavier da Silva, Jaqueline Lamim Lima,
Jessica Cavalcante Santos, João Ricardo Claro Frare, Joice
Palloma Gomes Magalhães, Jonas Rodrigues Pimentel, Juan
Manuel Wissocq, Juliana Meningue Machado, Juliana Rodrigues
Barros, Lara Teixeira da Silva, Laura da Silva Monteiro
Chagas, Leandro Eiki Teruya Uehara, Letícia Scrivano, Lívia
de Campos Murtinho Felippe, Luana Oliveira de Souza, Lucas
Itacarambi, Lucas Ribeiro da Costa Souza dos Santos, Luci-
ano Wagner Favaro, Luís Carlos Batista, Luis Henrique Bahu,
Luísa De Brino Mantoani, Luisa de Oliveira Silva, Luiza
Americano Grillo, Marcela Dantas Camargo, Márcia Gonzaga
de Jesus Freire, Marcos Paulo Gomide Abe, Mariana Ferreira
Ambrosio, Mariana Peron, Mariana Teixeira Elias, Marília
Alves de Carvalho, Marília Persoli Nogueira, Marina Ribeiro
Arruda, Mayara Longo Vivian, Maysa Martins, Mona Lícia San-
tana Perlingeiro, Natalia da Silva Martins, Natalia Marque-
zini Tega, Nayara Datovo Prado, Pedro Gabriel Amaral Costa,
Pedro Henrique Moreira, Pyero Fiel Ayres da Silva, Rachel
Pacheco Vasconcellos, Rafael de Souza Silva, Rafael Ribeiro
Lucio, Raphaela Bez Chleba Melsohn, Raul Leitão Zampaulo,
Raul Narevicius dos Santos, Renan Pessanha Daniel, Renata
Gonçalves Bernardes, Ricardo Vasques Gaspar, Richard Melo,
Rômulo dos Santos Paulino, Roseana Carolina Ayres Lourenço,
Samantha Kadota Oda, Sarah de Castro Ribeiro, Simone Do-
minici, Sofia do Amaral Osório, Stella Abreu Miranda de
Souza, Suzana Panizza Souza, Suzana Sanches Cardoso, Taize
Alves Santana, Talita Rocha da Silva, Thais Regina Modesto,
Victoria Pékny, Viviane Cristina da Silva, Viviane Cris-
tina Tabach, Wilson de Lemos V. Cabral, Yolanda Christine
Oliveira Fernandes, Yukie Martins Matuzawa

Créditos da publicação

Edição: Editorial Bienal, Iuri Pereira, Jorge Sallum

Capa e projeto gráfico: Design Bienal

Programação em LaTeX: Bruno Oliveira

Preparação: Editorial Bienal

Revisão: Editorial Bienal, Iuri Pereira

Assistente editorial: Bruno Oliveira

Outros títulos

Giorgio Agamben
Ninfas

José Bergamín
A arte de birlibirloque / A decadência do analfabetismo

Giordano Bruno
Os vínculos

Quignard
Marco Cornélio Frontão — Primeiro tratado
da Retórica especulativa

Patrocínio master

Patrocínio educativo

 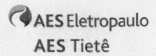

Bloomberg

Audioguia   **Espaço climatizado**

Patrocínio

Parceria cultural

Parceria cultural

 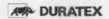

SEMP TOSHIBA

Apoio mídia   Publicidade

Apoio institucional

Secretaria da Educação   Secretaria da Cultura

Apoio internacional

  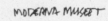

Realização

Adverte-se aos curiosos que se imprimiu esta obra em nossas
oficinas em 12 de setembro de 2012, sobre Norbrite Book Cream
66 g/m², composta em tipologia Menlo, em GNU/Linux (Gentoo, Sa-
bayon e Ubuntu), com os softwares livres $\LaTeX$, DeTeX, VIM, Evince,
Pdftk, Aspell, SVN e TRAC.